AF550262

Thekla Verlag

Eine Anleitung für Eltern finden Sie im Anhang.

Birgit Hörner

KLAUS SCHNULLERMAUS

Mit Illustrationen von Silke Weßner

ISBN 978-3-945711-01-9 (Hardcover)
ISBN 978-3-945711-00-2 (kindle Edition)
ISBN 978-3-945711-02-6 (ePub)

Text: Birgit Hörner, 2014
Illustration & Cover Design: Silke Weßner, 2014
Lektorat: Paul Sourzac
Druck: Livonia Print, Jurkalnes iela 15/25, Riga, LV-1046, Lettland

-Originalausgabe-

7. Auflage 2025

Für unsere Söhne.

Paul, Cham und Emil. Jonas, Joshua und Finn.

Liebst du Schnuller in allen Farben, große und kleine, dicke und dünne? Brauchst du deinen Schnuller zum Einschlafen und wenn du traurig bist oder wenn du dich ärgerst oder dir wehgetan hast? Ja?

Das kann ich gut verstehen. Denn mir geht es genau wie dir! Ich habe Schnuller zum Fressen gern und sammle sie, wo ich sie nur bekommen kann. Wenn ein Kind schon groß ist und keinen Schnuller mehr braucht, komme ich ins Haus.

Oh Verzeihung, ich habe mich noch gar nicht vorgestellt. Ich bin Klaus Schnullermaus. Niemals klaue ich Schnuller, ehrlich! Ich tausche nur. Hier im Rucksack habe ich ein Geschenk für dich. Gib mir deine Schnuller und du bekommst das Geschenk! Heute aber komme ich dich noch nicht besuchen.

Heute gehe ich zu Peter, denn Peter ist schon groß. Eigentlich möchte er seine Schnuller noch nicht abgeben, aber Peters Mama meint, dass es nun Zeit sei, ohne Schnuller zu schlafen. Ob Peter das wohl schon schafft?

Das ist Peter. Peter hat oft seine Schnuller bei sich. Manchmal sogar beim Fußballspielen, denn Fußballspielen liebt Peter fast genau so sehr wie seine Schnuller.

»Man kann ja nie wissen, wann man einen braucht«, sagt Peter immer.

Aha, hier in diesem Haus wohnt also Peter. Es ist ein schönes rotes Haus mit vielen Fenstern und einem großen Garten. Ob ich wohl ein kleines Löchlein finde, um hineinzukommen? Ach da ist ja eins, und schwuppdiwupp ins Haus mit Klaus der Schnullermaus.

Die ganze Familie ist da. Alle sitzen am Tisch und essen. Der große Peter, die kleine Ida, Mama und Papa. Peter und Ida sind schon im Schlafanzug. Gleich ist Schlafenszeit. Aber wo sind nur die Schnuller?

Schnell ins Kinderzimmer, bevor sie kommen.
Mal sehen, ob ich Peters Schnuller finde.

Ach du Schreck! Da liegt Kasimir der Kater,
direkt vor der Tür.

Ganz leise, Klaus Schnullermaus,
damit Kasimir nicht aufwacht.

Hier ist Idas Bettchen mit wunderbar duftenden Schnullern. Ich will nur mal kurz schnuppern. Ida braucht ihre Schnuller noch. Sie ist noch so klein. Peter hat seine Schnuller schon ins Bett gebracht. Der Piratenschnuller, der grüne, der rote, der Sonnenschnuller und auch der Schnuller mit dem Teddy, alle sind sie da.

Eck, Speck, Mäusedreck,
Ich nehm mal einen weg.
Einer kann nicht schaden,
Denn Peter ist schon gross.

Oh, da kommt jemand! Schnell ins
Spielzeughaus mit Klaus der Schnullermaus.

»Mama, mein grüner Schnuller ist weg! Wo ist er nur?«, ruft Peter aufgeregt und sucht überall. »Ida, hast du ihn genommen?« Ida hat den Schnuller nicht. Ida hat ihre eigenen Schnullies. »Kasimir, hast du den Schnuller genommen?« Auch Kasimir hat den Schnuller nicht. Kasimir schläft und träumt von dicken Mäusen.

»Dann ist es wohl so weit. Du bist groß, mein Schatz«, sagt Mama nachdenklich. »Ich glaube, Klaus Schnullermaus ist bei uns im Haus.«

Peter nimmt den roten Schnuller und steckt ihn in den Mund. »Macht nichts, hab noch einen«, sagt er erleichtert.

Ganz recht, Klaus Schnullermaus ist im Haus, mit einem Geschenk für Peter im Rucksack.

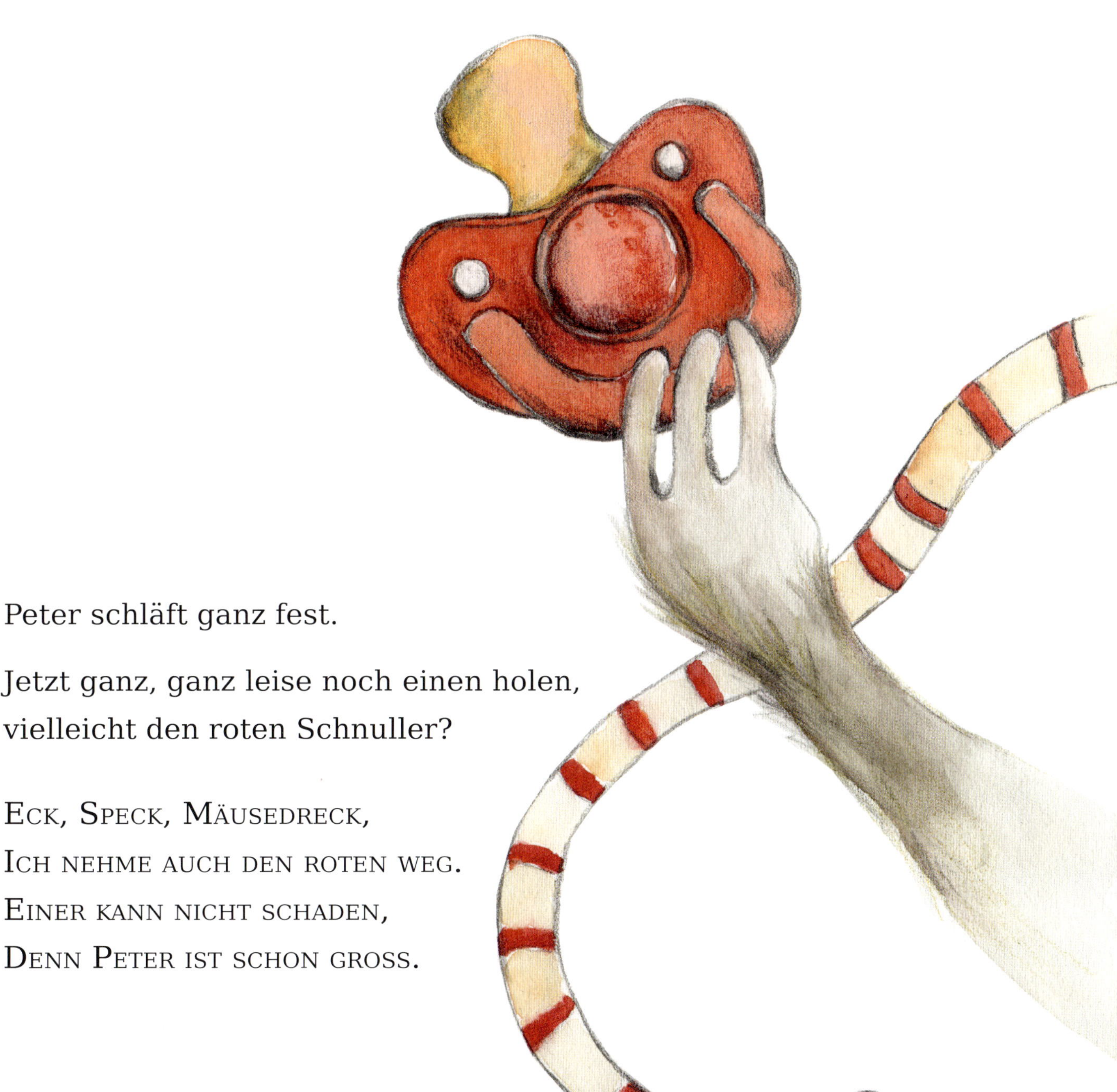

Peter schläft ganz fest.

Jetzt ganz, ganz leise noch einen holen, vielleicht den roten Schnuller?

Eck, Speck, Mäusedreck,
Ich nehme auch den roten weg.
Einer kann nicht schaden,
Denn Peter ist schon gross.

»Alle mal herhören!«, ruft Peter am nächsten Morgen.

»Jetzt ist auch noch der rote Schnuller weg! Wir müssen die blöde Schnullermaus fangen, dann kann sie meine Schnuller nicht mehr holen. Wir müssen alle zusammen suchen, auch Kasimir muss helfen. Er ist doch Mäusejäger!«

Die ganze Familie sucht. Sie suchen überall.

Papa sucht im Auto. Ida sucht in der Spielzeugkiste.
Peter sucht in der Waschmaschine.
Kasimir sucht unterm Bett.
Mama sucht zwischen den Büchern.

Aber sie können Klaus Schnullermaus nicht finden.
Er hat sich gut versteckt.

Hui, das war knapp, fast hätte dieser dicke Kater mich erwischt. Jetzt, wo alle so schön suchen, kann ich mich ja nochmal in Peters Bett schleichen …

Der Piratenschnuller, der Sonnenschnuller und auch der Schnuller mit dem Teddy – Peter hat sie alle unter dem Kopfkissen versteckt.

Eck, Speck, Mäusedreck,
Jetzt nehm ich auch den Teddy-Schnuller weg.
Einer kann nicht schaden,
Denn Peter ist schon gross.

Peter ist traurig. Klaus Schnullermaus ist immer noch im Haus. Selbst Kasimir hat ihn nicht gefunden. Kasimir schläft schon wieder. Und jetzt ist auch der liebe Teddy-Schnuller weg.

»Macht nichts«, sagt Peter, »hab noch einen.«

Er steckt den Sonnenschnuller in den Mund. Den Piratenschnuller nimmt er fest in die Hand und weckt Kasimir. Er legt den dicken Kater auf sein Bett.

»Kasimir, pass bitte schön auf und verscheuche Klaus Schnullermaus«, sagt Peter. Dann schläft er ein.

Klaus Schnullermaus ist immer noch im Haus.

Peter schläft und schnarcht ganz leise. Den Piratenschnuller hält er fest in seiner Hand. Und den Sonnenschnullie?
Aber Kasimir passt ja auf, oder?

Jetzt ganz, ganz leise, Klaus Schnullermaus, damit er dich nicht schnappt.

Eck, Speck, Mäusedreck,
Jetzt nehm ich auch den Sonnenschnuller weg.
Einer kann nicht schaden,
Denn Peter ist schon gross.

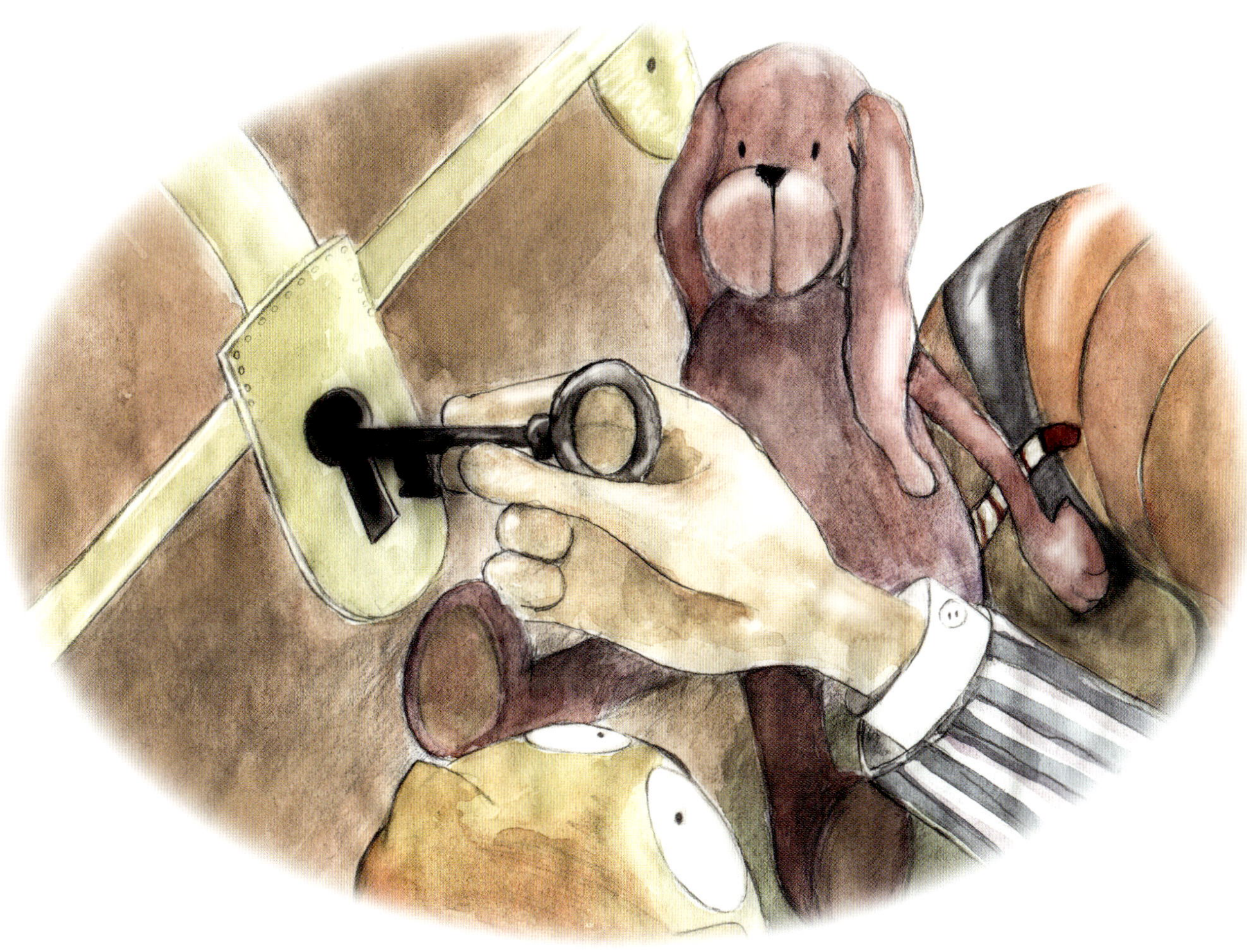

Peter hat jetzt nur noch den Piratenschnuller. Kasimir versucht Peter zu trösten. Leider hat er schon wieder fest geschlafen und Klaus Schnullermaus nicht erwischt.

Peter versteckt den Schnuller in seiner Schatzkiste und verschließt sie fest. »Da wird der Schnuller ja wohl sicher sein«, denkt Peter.

Ich bin Klaus Schnullermaus und ich kann mich sehr klein machen. Und schwuppdiwupp durchs Schlüsselloch, da pass ich doch. Ganz schön dunkel hier ... Aber da ist ja der Schnuller.

Eck, Speck, Mäusedreck,
Den letzten Schnuller nehme ich nicht weg.
Nur ein Stückchen will ich davon haben,
Ein kleines Stückchen kann nicht schaden.

Peter lässt den Schnuller den ganzen Tag in der Kiste und holt ihn erst zum Schlafen wieder hervor. Aber was ist das denn?

Da ist ja ein kleines Loch im Schnuller!

Mama bringt Peter ins Bett. Peter steckt den kaputten Schnuller in den Mund. »Geht nicht mehr!«, ruft Peter wütend und schmeißt den Schnuller in hohem Bogen aus dem Bett.

Mama bleibt bei Peter am Bett und streichelt ihn tröstend. Bis er eingeschlafen ist.

Peter ist stolz. Er hat die ganze Nacht ohne Schnuller geschlafen.

Jetzt ist er wirklich groß. Er malt ein Bild mit einem neuen Fußball und legt es zum Piratenschnuller auf den Teppich.

»Tausche Schnuller gegen Fußball!«, ruft Peter ganz laut.

»Tausche Fußball gegen Schnuller!«,
ruft Klaus Schnullermaus.

Tschüss großer Peter, tschüss kleine Ida.
Tschüss Mama, Papa und Kasimir.

Ich komme wieder, wenn Ida groß ist.

Kündigen Sie Ihrem Kind den Besuch von Klaus Schnullermaus per Post an!

Einfach die Postkarte bestellen unter: www.klaus-schnullermaus.de

Anleitung Für Eltern

Und so geht‘s:

Sorgen Sie dafür, dass Ihr Kind mindestens 6 möglichst verschiedene Schnuller hat und legen Sie diese ins Kinderbett. Lassen Sie täglich, spätesten jeden zweiten Tag, einen Schnuller verschwinden. Am besten direkt im Mülleimer.

Zählen Sie jeden Abend mit Ihrem Kind gemeinsam die Schnuller. Trösten Sie Ihr Kind, wenn wieder einer fehlt und schmieden Sie gemeinsam Pläne, wie Sie die Schnullermaus finden oder verscheuchen können.

Bereiten Sie sich zusammen mit Ihrem Kind auf den Tag vor, an dem auch der letzte Schnuller verschwunden sein wird. Sprechen Sie über ein Geschenk, das Klaus Schnullermaus zur Belohnung bringen soll. Malen Sie es auf und hinterlegen Sie es für die Maus.

Im besten Fall können Sie Ihr Kind davon überzeugen, den letzten Schnuller freiwillig abzugeben. Wenn Ihr Kind dazu nicht bereit ist, liegt es an Ihnen, den letzten Schnuller verschwinden zu lassen. Jetzt muss es ohne gehen.

Nehmen Sie sich für diesen besonderen Abend ohne Schnuller nichts vor. Ihr Kind wird Ihre Nähe und Ihre ungeteilte Aufmerksamkeit brauchen. Trösten Sie Ihr Kind, kuscheln, streicheln oder singen Sie es in den Schlaf. Tun Sie dies auch in der Nacht, falls es wieder aufwachen sollte.

Wahrscheinlich wird Ihnen die Umstellung genauso schwer fallen wie Ihrem Kind. Bleiben Sie dennoch stark und unnachgiebig! Hat Ihr Kind die erste Nacht ohne Schnuller verbracht, muss die Belohnung sofort erfolgen.

Spätestens nach zwei bis drei Tagen wird Ihr Kind ganz bestimmt ohne Schnuller einschlafen können.

Weitere Infos zu Klaus Schnullermaus und zur Schnullerentwöhnung: www.klaus-schnullermaus.de

Birgit Hörner AUTORIN

BIRGIT HÖRNER (geb. 1961 in Hamburg), Dipl.-Sozialpädagogin, lebt gemeinsam mit ihrem Mann und ihrem jüngsten Sohn in einem kleinen Ort in der Nähe von Darmstadt.

Seit vielen Jahren arbeitet sie in der Förderung und Beratung von jungen Familien mit kleinen Kindern. So gründete sie vor vielen Jahren das *kinderreich*, ein Treffpunkt für Eltern in PEKiP- und Eltern-Kind-Spielgruppen. In diesem Rahmen ist sie auch als Erziehungsberaterin tätig.

Als dreifache Mutter und durch ihre sozialpädagogische Arbeit mit Eltern und Kindern weiß Birgit Hörner um die Schwierigkeiten, aber auch um die Tricks und Kniffe zur Lösung des allgegenwärtigen Schnullerproblems. So ist *Klaus Schnullermaus* schon lange vor dem Erscheinen dieses Buches erfolgreich in vielen Familien zu Gast gewesen.

Birgit Hörner ist ebenfalls Autorin der Kinderbücher *Emil kocht für Teddy* und *Was kitzelt dich am Näschen*.

Silke Weßner ILLUSTRATORIN

SILKE WEẞNER (geb. 1978 in Groß-Umstadt) ist Kinderbuchillustratorin aus dem hessischen Groß-Umstadt.

Mit Neugier, Optimismus und einer großen Portion Fantasie widmet sie sich seit 2014 den Geschichten für junge Leserinnen und Leser.

Ihre Illustrationen sind bunt, lebendig und voller kleiner Details, die zum Entdecken, Schmunzeln und Träumen einladen. Am liebsten erschafft sie Figuren, die Gefühle tragen dürfen – ob frecher Kater, mutiges Kind oder Szenen voller Magie. Inspiration findet sie im Alltag mit ihrer Familie, drei fast erwachsenen Söhnen, zwei Katzen und einem alten Hundeopa.

Neben Papier und digitalem Zeichentablett lässt sie ihre Ideen auch gerne in Ton Gestalt annehmen. Ihre kreative Arbeit verbindet Humor mit Herz und Fantasie. So entstehen Illustrationen, die Kinder in bunte Traumwelten entführen und Erwachsene wieder staunen lassen wie damals, als alles noch neu und voller Zauber war.

Mehr über ihre Arbeit gibt es auf *www.silkewessner.de*